Explora
AUSTRALIA
y OCEANÍA

Bobbie Kalman y Rebecca Sjonger

Crabtree Publishing Company

www.crabtreebooks.com

Creado por Bobbie Kalman

Dedicado por Rebecca Sjonger
A Jakob Malloch: ¡Sigue leyendo!

Editora en jefe
Bobbie Kalman

Equipo de redacción
Bobbie Kalman
Rebecca Sjonger

Editora de contenido
Kelley MacAulay

Editora de proyecto
Kelley MacAulay

Editores
Molly Aloian
Michael Hodge
Kathryn Smithyman

Investigación fotográfica
Crystal Foxton

Diseño
Katherine Kantor

Coordinadora de producción
Heather Fitzpatrick

Técnica de preimpresión
Nancy Johnson

Consultor
Dr. Robert Kuhlken, catedrático de geografía, Central Washington University

Consultor lingüístico
Dr. Carlos García, M.D., Maestro bilingüe de Ciencias, Estudios Sociales y Matemáticas

Ilustraciones
Barbara Bedell: páginas 10 (todas excepto el pez azul y el mapa), 22-23 (todas excepto
 el mapa, el pez azul, el pez amarillo, la raya venenosa y el pez león), 28 (pez)
Katherine Kantor: páginas 4 (mapa), 10 (pez azul), 18 (pasto), 22-23 (pez azul y pez amarillo)
Robert MacGregor: portada (mapa), contraportada (mapa), páginas 6-7, 8 (mapa),
 14 (mapa), 16 (mapa), 17 (mapa), 18 (mapa), 20 (parte inferior derecha), 22-23 (mapa)
Cori Marvin: páginas 22-23 (pez león y raya venenosa)
Vanessa Parson-Robbs: páginas 10 (mapa), 12 (parte superior izquierda),
 20 (parte superior), 24 (mapa), 28 (mapa), 30 (mapa), 31 (mapas)
Bonna Rouse: páginas 4 (planta y mariposa), 8 (todas excepto el mapa), 19, 26
Margaret Amy Salter: página 21

Fotografías
© Jo Chambers. Imagen de BigStockPhoto.com: página 11 (parte superior)
Dreamstime.com: página 30; Ian Bracejirdle: página 11 (parte inferior); Ilya Genkin: página 5
Fotolia.com: páginas 13, 27, 29 (parte inferior)
photolibrary.com pty.ltd/Index Stock: página 19
iStockphoto.com: portada, contraportada, páginas 1, 8 (parte superior izquierda),
 9, 12, 15, 24, 29 (centro), 31 (parte inferior)
© Shutterstock: Robert Hoehne: página 20 (izquierda); Styve Reineck: página 18
 (parte inferior izquierda)
Harris Shiffman: página 29 (parte superior); Eldad Yitzhak: página 17 (parte inferior)
Otras imágenes de Corel, Creatas, Digital Stock, Digital Vision, gemvision.com y Photodisc

Traducción
Servicios de traducción al español y de composición de textos suministrados por translations.com

Library and Archives Canada Cataloguing in Publication

Kalman, Bobbie, 1947-
 Explora Australia y Oceanía / Bobbie Kalman y Rebecca
Sjonger.

(Explora los continentes)
Includes index.
Translation of: Explore Australia and Oceania.
ISBN 978-0-7787-8290-2 (bound).--ISBN 978-0-7787-8298-8
(pbk.)

 1. Australia--Geography--Juvenile literature. 2. Oceania-
-Geography--
Juvenile literature. I. Sjonger, Rebecca II. Title. III. Series.

DU96.K3418 2007   j919   C2007-904771-8

Library of Congress Cataloging-in-Publication Data

Kalman, Bobbie.
 [Explore Australia and Oceania. Spanish]
 Explora Australia y Oceanía / Bobbie Kalman y Rebecca Sjonger.
  p. cm. -- (Explora los continentes)
 Includes index.
 ISBN-13: 978-0-7787-8290-2 (rlb)
 ISBN-10: 0-7787-8290-5 (rlb)
 ISBN-13: 978-0-7787-8298-8 (pb)
 ISBN-10: 0-7787-8298-0 (pb)
 1. Australia--Juvenile literature. 2. Australia--Geography--Juvenile
literature. 3. Oceania--Juvenile literature. 4. Oceania--Geography--
Juvenile literature. I. Sjonger, Rebecca. II. Title. III. Series.

DU96.K3518 2007
919--dc22
                                              2007030651

Crabtree Publishing Company

www.crabtreebooks.com   1-800-387-7650
Copyright © **2008 CRABTREE PUBLISHING COMPANY**. Todos los derechos reservados. Se prohíbe la reproducción total o parcial de esta obra, su almacenamiento en un sistema de recuperación o su transmisión en cualquier forma y por cualquier medio, ya sea electrónico o mecánico, incluido el fotocopiado o grabado, sin la autorización previa por escrito de Crabtree Publishing Company. En Canadá: Agradecemos el apoyo económico del gobierno de Canadá a través del programa *Book Publishing Industry Development Program* (Programa de desarrollo de la industria editorial, BPIDP) para nuestras actividades editoriales.

Publicado en Canadá
Crabtree Publishing
616 Welland Ave.
St. Catharines, ON
L2M 5V6

**Publicado en
los Estados Unidos
Crabtree Publishing**
PMB16A
350 Fifth Ave., Suite 3308
New York, NY 10118

**Publicado en
el Reino Unido
Crabtree Publishing**
White Cross Mills
High Town, Lancaster
LA1 4XS

Publicado en Australia
Crabtree Publishing
386 Mt. Alexander Rd.
Ascot Vale (Melbourne)
VIC 3032

Contenido

Una mirada a la Tierra

En la Tierra hay mucha agua. Casi toda el agua está en los **océanos**. Los océanos son zonas de agua muy grandes. Hay cinco océanos en la Tierra. Del más grande al más pequeño son: el océano Pacífico, el Atlántico, el Índico, el Antártico y el Ártico.

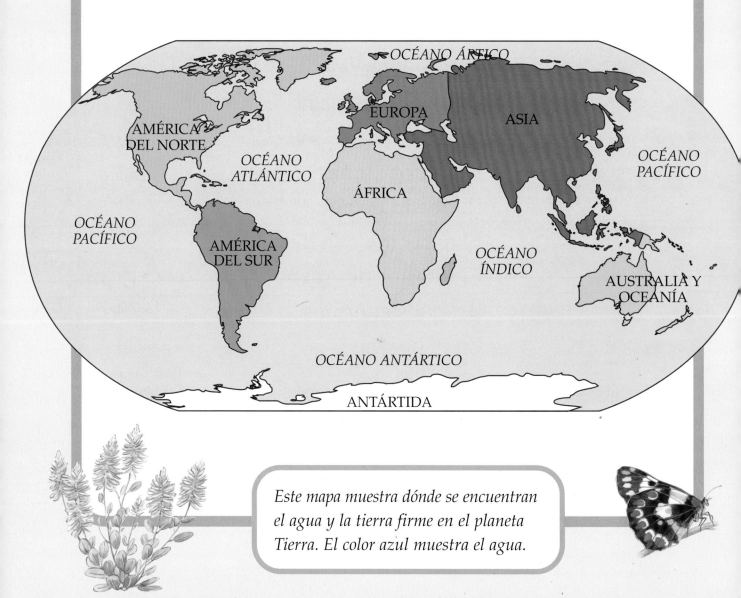

Este mapa muestra dónde se encuentran el agua y la tierra firme en el planeta Tierra. El color azul muestra el agua.

La tierra firme del planeta

En el planeta Tierra también hay regiones muy grandes de tierra firme. Estas zonas de tierra se llaman **continentes**. Hay siete continentes. Del más grande al más pequeño son: Asia, África, América del Norte, América del Sur, Antártida, Europa y Australia y Oceanía.

Esta fotografía muestra parte de la costa de Australia. La costa es la tierra que toca un océano. Este océano es el Índico.

¿Qué son Australia y Oceanía?

Australia es una gran zona de tierra, y por eso es un continente. Alrededor de Australia hay muchas zonas pequeñas de tierra. Tahití y Nueva Zelanda son dos de esas zonas. Estas regiones no pertenecen a ningún continente. La parte del mundo que incluye a Australia y a estas pequeñas zonas de tierra se llama **Oceanía**. En este libro aprenderás acerca de Australia y otros lugares de Oceanía.

Los hemisferios

En la Tierra hay cuatro **direcciones** principales: Norte, Sur, Este y Oeste. El punto que está más al norte en la Tierra se llama **Polo Norte**. El punto que está en el extremo sur de la Tierra se llama **Polo Sur**. El clima siempre es muy frío en las zonas cercanas al Polo Norte y al Polo Sur.

AUSTRALIA Y OCEANÍA

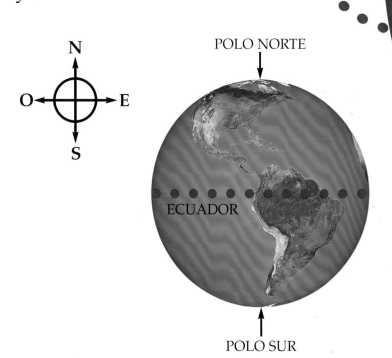

N

O — E

S

POLO NORTE

ECUADOR

POLO SUR

Arriba del ecuador

El **hemisferio norte** es la parte superior de la Tierra. Se extiende desde el **ecuador** hasta el Polo Norte.

ECUADOR

Dos partes

El ecuador es un círculo imaginario que rodea el centro de la Tierra. Divide la Tierra en dos partes iguales. En regiones cercanas al ecuador el clima es caluroso todo el año.

Debajo del ecuador

El **hemisferio sur** es la parte inferior de la Tierra. Se extiende desde el ecuador hasta el Polo Sur. Australia y Oceanía se encuentran en el hemisferio sur.

Un continente isla

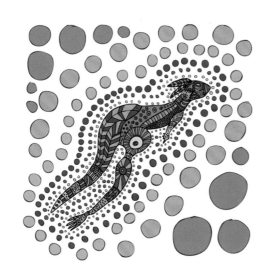

Australia es el continente más pequeño de la Tierra. Está completamente rodeado de agua. La tierra que está completamente rodeada de agua es una **isla**. Australia es la isla más grande de la Tierra.

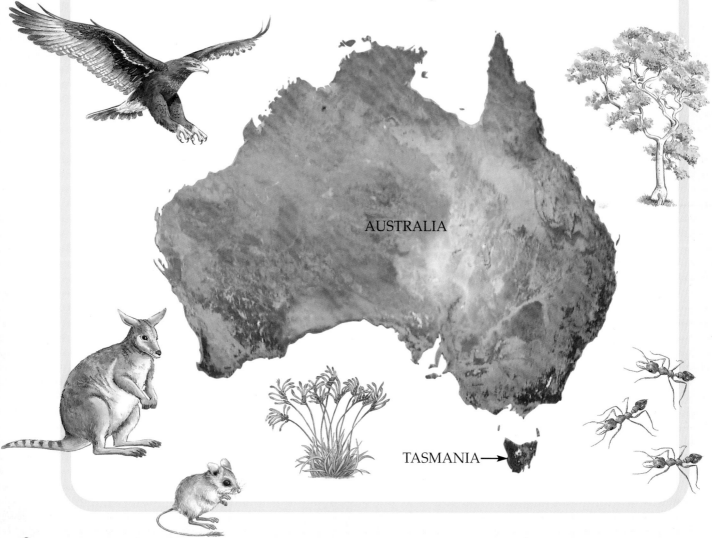

AUSTRALIA

TASMANIA →

8

Tasmania

Muchas islas pequeñas también son parte del continente de Australia. Tasmania es una isla pequeña que forma parte de Australia. Tasmania está cerca de la costa sur de Australia.

Tasmania es el único lugar donde viven unos animales llamados demonios de Tasmania.

Datos importantes

A Tasmania la llaman el "Estado Natural" porque la tierra es muy limpia y no está **contaminada**.

Oceanía

Australia es parte de una región grande llamada Oceanía. El nombre "Oceanía" indica que el océano Pacífico es una gran parte de esta zona. Esta enorme región también incluye miles de islas. Estas islas están al norte y al este del continente de Australia.

ISLAS MARIANAS DEL NORTE

ISLAS MARSHALL

ISLAS CAROLINAS

PALAOS

ISLAS SALOMÓN

ISLAS KIRIBATI

PAPÚA-NUEVA GUINEA

NAURU

TUVALU

ISLAS MARQUESAS

TAHITÍ

VANUATU

FIYI

ISLAS COOK

ARCHIPIÉLAGO DE TUAMOTU

TONGA

SAMOA

ISLAS DE LA SOCIEDAD

AUSTRALIA

NUEVA CALEDONIA

NUEVA ZELANDA

¡Oceanía tiene muchas islas! Este mapa muestra algunas de ellas.

Esta fotografía muestra una ciudad de Nueva Zelanda llamada Auckland. En Auckland viven más de un millón de personas.

Las islas de Oceanía

Algunas islas de Oceanía están **habitadas**. Habitadas significa que allí vive gente. Nueva Zelanda, Tahití y Fiyi son islas habitadas de Oceanía. Otras islas de Oceanía están **deshabitadas**. En ellas no vive nadie.

Esta isla deshabitada es parte de Oceanía.

Distintos climas

El **clima** es el estado del tiempo típico de una región. Incluye la temperatura, las lluvias y el viento. El norte de Australia está cerca del ecuador. Esta zona es calurosa todo el año. Muchas islas de Oceanía también están cerca del ecuador. Siempre hace calor en esas islas, como en Fiyi y Samoa. Nueva Zelanda y el sur de Australia están más lejos del ecuador. El clima de estas zonas generalmente es fresco.

Tahití está en Oceanía. El clima siempre es caluroso en Tahití.

Datos importantes

En Australia, las estaciones del año son opuestas a las de América del Norte. Por ejemplo, cuando en América del Norte es verano, en Australia es invierno.

Seco o lluvioso

La mayor parte de Australia es muy seca todo el año. Solamente llueve mucho en la parte norte del continente. En muchas otras islas de Oceanía, llueve mucho durante la mitad del año y el resto del año llueve muy poco.

En el sur de Australia, a veces nieva en invierno.

Rodeada de agua

La costa oeste de Australia toca el océano Índico. La costa este toca el océano Pacífico. También hay muchos **mares** alrededor de Australia. Un mar es una zona pequeña de un océano. Un mar tiene tierra alrededor.

MAR DE TIMOR

MAR DE ARAFURA

OCÉANO ÍNDICO

MAR DEL CORAL

MAR DE KORO

Río Darling

Lago Eyre

OCÉANO PACÍFICO

Río Murray

MAR DE TASMANIA

El agua en Oceanía

El océano Pacífico rodea la mayoría de las islas de Oceanía. Algunas de estas islas también tocan mares.

El mar de Koro está cerca de Fiyi.

*Los cocodrilos de agua salada viven en muchos ríos y **pantanos** de Australia.*

Rara vez llenos

En Australia hay muy pocos **ríos** y **lagos**. Los ríos más largos de Australia son el Murray y el Darling. Tienen agua todo el año. Muchos de los ríos y lagos de Australia están generalmente secos. Solamente se llenan de agua cuando llueve. El lago más grande de Australia es el lago Eyre, que rara vez está lleno de agua. Es un lago de **agua salada**. El agua salada tiene mucha sal.

Cuando el lago Eyre está seco, la sal del agua forma una costra gruesa en el suelo.

El aspecto de la tierra

BUNGLE BUNGLE •

• DEVIL'S MARBLES

KATA TJUTA •

• ULURU

• PINÁCULOS

LOS DOCE APÓSTOLES •

Este mapa muestra la ubicación de algunas formaciones rocosas famosas de Australia.

Australia tiene muchas **formaciones rocosas**. Una formación rocosa es una gran roca que tiene una forma poco común. Son una clase de **accidente geográfico**. Un accidente geográfico es una zona de tierra con formas particulares. La formación rocosa más famosa de Australia es Uluru.

Uluru es una de las rocas más grandes de la Tierra.

Montañas

Las montañas son otros accidentes geográficos de Oceanía. Las montañas son altas y tienen laderas empinadas. Algunas son parte de una **cordillera** o grupo de montañas en línea. Los Alpes Meridionales son una cordillera de Nueva Zelanda. También hay cordilleras llamadas Alpes en otros continentes, como Europa y Asia.

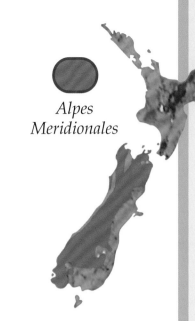

Alpes
Meridionales

Las zonas de color marrón de este mapa muestran dónde están los Alpes Meridionales.

El monte Cook es parte de los Alpes Meridionales. Es la montaña más alta de Nueva Zelanda.

El interior de Australia

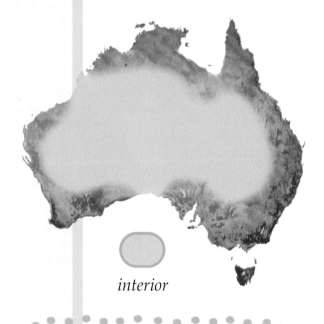

interior

El **interior** u *Outback* es la zona de tierra seca que se extiende por la mayor parte de Australia. Los bordes del interior se llaman "el monte". El monte está formado principalmente por **praderas**. Las praderas son regiones llanas donde crecen muchas clases de pastos. En el monte viven animales como los canguros y perros **salvajes** llamados dingos.

Los canguros comen pastos. En el monte hay mucho alimento para ellos.

Desiertos

En el centro del interior de Australia hay **desiertos** calurosos y secos. Los desiertos son lugares donde caen menos de diez pulgadas (25 cm) de lluvia al año. El mayor desierto de Australia es el Gran Desierto Victoria.

El interior tiene los caminos rectos más largos del mundo.

Bosques enormes

En Australia crecen **bosques de eucaliptos**, un tipo de árboles. En estos bosques crecen cerca de 700 diferentes clases de eucaliptos. Allí también viven aves como las cucaburras.

Las cucaburras hacen un ruido o **llamada** que suena como una persona que ríe.

bosques de eucaliptos

Koalas trepadores

Los koalas son otros animales que viven en los bosques de eucaliptos australianos. Pasan la mayor parte de su vida en los árboles. Tienen patas fuertes para trepar árboles. Usan sus filosas garras para no resbalarse y caerse de los árboles.

Los koalas comen la corteza y las hojas de los eucaliptos.

En el océano

En los océanos que rodean Australia y las muchas islas de Oceanía hay **arrecifes de coral**. Los arrecifes de coral parecen paredes de roca, pero no están hechos de rocas. Los arrecifes de coral son grupos de animales diminutos llamados pólipos de coral.

Pólipo de coral

La Gran Barrera de Arrecifes

La Gran Barrera de Arrecifes es el arrecife de coral más grande del mundo. Este enorme arrecife está en el mar del Coral, frente a la costa noreste de Australia. La Gran Barrera de Arrecifes mide cerca de 1,400 millas (2,253 km) de largo.

La Gran Barrera de Arrecifes

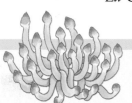

En la Gran Barrera de Arrecifes viven muchos tipos de animales.

Vida urbana

En Australia viven cerca de veinte millones de personas. La mayoría vive en ciudades y pueblos. Las ciudades y los pueblos son **zonas urbanas**. Muchas de las zonas urbanas de Australia están en la costa. Sydney, Melbourne, Perth y Brisbane son cuatro ciudades grandes de Australia. Todas están en la costa.

Sydney es la ciudad más grande de Australia. En ella viven cerca de cuatro millones de personas.

Vivir en Nueva Zelanda

La mayoría de las personas de Nueva Zelanda también viven en zonas urbanas. Nueva Zelanda está formada por dos islas grandes y muchas pequeñas. Las dos islas grandes son la Isla del Norte y la Isla del Sur. La ciudad más grande de Nueva Zelanda es Auckland. Está en la Isla del Norte. Otras ciudades grandes de esa isla son Wellington y Hamilton. Christchurch es una ciudad grande de la Isla del Sur.

Vida rural

La mayor parte de Australia es **rural**. Una zona rural es la que está fuera de una ciudad o de un pueblo. El interior de Australia es rural. Algunos australianos viven en zonas rurales. Muchos de ellos crían **ganado** y ovejas en **ranchos**. Un rancho es una granja donde se cría una clase de animales. En Australia, los ranchos se llaman **estaciones** y hay muchas estaciones de ganado vacuno y bovino.

Datos importantes
En Australia hay más ovejas que personas.

Culturas aldeanas

La mayoría de las personas de Oceanía viven en zonas rurales. Mucha gente en Papúa-Nueva Guinea vive en **aldeas**. Las aldeas son pequeños grupos de casas. Las personas de muchas aldeas tienen sus propios idiomas y **culturas**. La cultura es el conjunto de creencias y formas de vida de un grupo de personas. El arte, las danzas, las canciones, las costumbres y las celebraciones son todas partes de la cultura.

Estas personas viven en una aldea de Papúa-Nueva Guinea.
Tienen su propio idioma y cultura.

Materiales de la naturaleza

Cada continente tiene **recursos naturales**. Un recurso natural es un elemento que se encuentra en la naturaleza, como la **madera para construcción**. La gente vende recursos naturales para ganar dinero. Australia tiene muchos recursos naturales como oro, **mineral de hierro** y carbón. Las personas extraen estos recursos naturales del suelo.

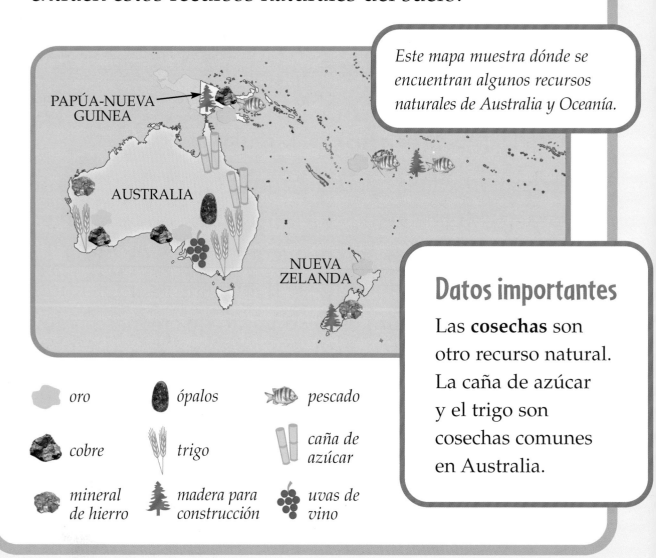

PAPÚA-NUEVA GUINEA

AUSTRALIA

NUEVA ZELANDA

Este mapa muestra dónde se encuentran algunos recursos naturales de Australia y Oceanía.

oro

ópalos

pescado

cobre

trigo

caña de azúcar

mineral de hierro

madera para construcción

uvas de vino

Datos importantes

Las **cosechas** son otro recurso natural. La caña de azúcar y el trigo son cosechas comunes en Australia.

28

Minería de ópalos

La mayoría de los **ópalos** del mundo vienen de Australia. Los ópalos son piedras **valiosas** usadas principalmente para hacer joyas. Las personas sacan ópalos de las **minas**. Las minas son grandes túneles subterráneos.

ópalo

Esta fotografía muestra un lugar donde las personas sacan ópalos de minas australianas.

*Australia vende sus recursos naturales a muchos países. Les recursos se empacan en **contenedores**. Los contenedores se envían a los distintos países en barcos enormes.*

Postales de Australia y Oceanía

Cada año, millones de **turistas** visitan Australia y otras islas de Oceanía. Los turistas son personas que viajan a un lugar por diversión. En estas páginas se muestran algunos lugares interesantes para visitar en Australia y Oceanía.

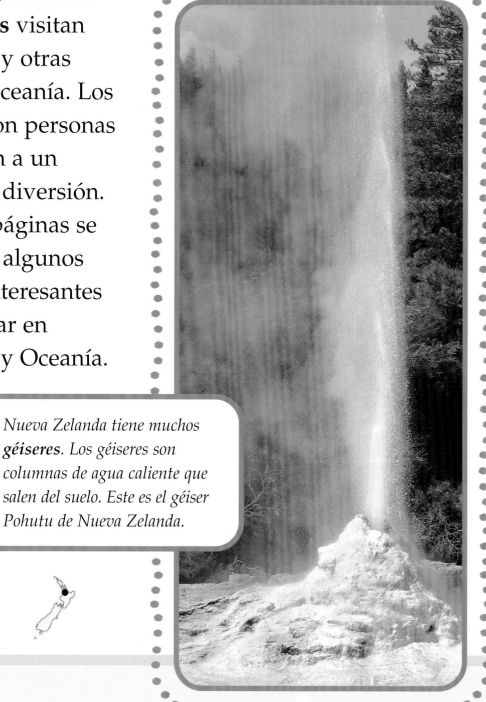

*Nueva Zelanda tiene muchos **géiseres**. Los géiseres son columnas de agua caliente que salen del suelo. Este es el géiser Pohutu de Nueva Zelanda.*

La Ópera de Sydney en Australia es famosa por su techo con forma de vela de barco.

Los Doce Apóstoles ofrecen una vista maravillosa. Son formaciones rocosas cercanas a Melbourne, Australia. El viento y el agua desgastaron las rocas hasta que se separaron de la costa.

31

Glosario

Nota: Es posible que las palabras en negrita que están definidas en el texto no figuren en el glosario

bosque de eucaliptos (el) Bosque en el cual crecen árboles de eucalipto

contaminado Palabra que describe una zona que las personas ensuciaron cuando arrojaron basura o u otros desechos

contenedor (el) Gran caja de metal que se usa para transportar bienes

cosechas (las) Plantas que las personas cultivan para que sirvan de alimento

ganado (el) Vacas y toros que las personas crían para obtener carne, leche o cuero

lago (el) Gran zona de agua rodeada por tierra

madera para construcción (la) Madera que se corta y se prepara para que las personas puedan usarla en la construcción

mineral de hierro (el) Rocas que contienen un metal llamado hierro

pantano (el) Zona de tierra húmeda donde crecen árboles

río (el) Gran cantidad de agua que fluye hacia un océano, lago u otro río

salvaje Palabra que describe animales que viven en zonas que no están controladas por las personas

valioso Palabra que describe algo que cuesta mucho dinero o que las personas aprecian

Índice

Impreso en Canadá